MEDAL AUR

Golygwyd gan Nicole Carmichael
Ysgrifennwyd gan Philippa Perry

Addaswyd i'r Gymraeg gan Esyllt Penri

Cyhoeddwyd gan Wasg Addysgol Cymru

MEDAL AUR
Cyhoeddwyd gyntaf yn yr UD yn 1996
gan Thomas Learning
Efrog Newydd

Cyhoeddwyd gyntaf ym Mhrydain
yn 1995 gan Two-Can Publishing 1996

ⓗTwoCan Publishing 1995 ©
Cyhoeddir y fersiwn Cymraeg gan Wasg Addysgol Cymru 1996

Gwasg Addysgol Cymru yw enw masnachol
Cyhoeddwyr Annibynnol Cymru Cyf.

ISBN 1-899869-00-X

Argraffwyd a rhwymwyd gan Wing King Tong (Hong Kong)

Cynllunwyd gan Simon Relph. Ymchwil lluniau gan Sam Riley and Dipika Parmar Jenkins. Cynhyrchwyd gan Joya Bart-Plange.
Lluniau'r clawr blaen: Zefa Pictures. Inserts: Popperfoto: bl. Sporting Pictures: bc&br.

Hawlfraint y lluniau: Allsport: 6/7c, br, 9l, br, 10/11c, 11r, 13cr, br, 15br, 17br, 21br, 22cl, 23br, 26c, 27tl, 28bl, 29tr, 30, Allsport/Hulton Deutsch: 12l&bc, 20, 29br. Colorsport: 6tl, 8l, 17t, 19tr, bl, br, 22/23c, 23tr, 24c, 25tr. Hulton Deutsch: 5bl, 8tl, 13tcl. Mary Evans: 4c, 19tl, The Ronald Grant Archive; 8br. Popperfoto: 9tr, 10cl, 14tl, 15tl, 18tr, bc, 23ct, 24bl, 24/25c, 28tc. Sporting Pictures (UK) Ltd: 7tr, 14b 16b, 17bl, 18 tl, 21tr, bl, 24tc, 27tr, br, 28tl.

Gwaith dylunio: Bernard Long: 4/5, Chris West: 28.

CYNNWYS

Yn y Cychwyn Cyntaf ▲
O'r gorffennol i'r presennol
TUDALENNAU 4 – 5

Yn Barod Amdani
Y seremoni agoriadol a'r fflam Olympaidd
TUDALEN 6

Aur y Byd
Beth yw gwerth y gwahanol fedalau?
TUDALEN 7

Dim ond y Gorau
Arwyr y gorffennol
TUDALENNAU 8 – 9

Pencampwyr Ifanc
Y plant sydd wedi gwneud eu marc
TUDALENNAU 10 – 11

Arwyr y Trac
Campau cofiadwy
TUDALENNAU 12 – 13

Scandal!
Rhyfeloedd, trychinebau a thwyllwyr!
TUDALENNAU 14 – 15

Iâ - iâ – Iasoer
Gêmau'r Gaeaf
TUDALENNAU 16 – 17

Ni sydd wedi Ennill!
Pencampwyr annhebygol
TUDALEN 18

Tisio Ffeit?
Trechaf treisied!
TUDALEN 19

Y Gamp Galetaf o'r Cwbl
Y decathlon – deg gwaith yn fwy o sialens
TUDALENNAU 20 – 21

Chwarae'r Gêm
Fel rhan o dîm
TUDALENNAU 22 – 23

Dyfroedd Dyfnion
Ffyrdd gwlyb o ennill medal
TUDALENNAU 24 – 25

Ar Gefn dy Geffyl ▲
Carlamu i'r brig
TUDALENNAU 26 – 27

◀ **Dan Bwysau**
I gario'r dydd
TUDALEN 28

Peiriannau Clyfar
Sy'n hollbwysig
TUDALEN 29

Chwaraeon i Bawb
Yn y Paralympics
TUDALEN 30

Be Nesa?
Sialensau ar gyfer Gêmau'r dyfodol
TUDALEN 31

Mynegai
TUDALEN 32

▲ *Coroibos y cogydd, y pencampwr Olympaidd cyntaf*

▲ *Diolch i'r drefn bod rhai pethau wedi newid*

Yn y cychwyn CYNTAF

Wrth wylio'r Gêmau Olympaidd a'u holl gyfleusterau modern mae'n anodd credu i'r cyfan ddechrau filoedd o flynyddoedd yn ôl yn hen wlad Groeg.

Chwaraeai mabolgampau ran bwysig yng ngwyliau crefyddol y Groegwyr gynt. Credent fod eu duwiau yn hoffi eu gweld yn cystadlu yn erbyn ei gilydd. Roedd rhai llwythau a dinasoedd yn cynnal gwyliau crefyddol bob pedair blynedd er mwyn anrhydeddu eu duwiau.

Roedd yr ŵyl yn Olympia'n cael ei chynnal er mwyn anrhydeddu Zeus, brenin y duwiau. Adeiladwyd stadiwm a thrac rhedeg yn arbennig ar gyfer cynnal y gêmau yno.

▼ *Safle'r hen Gêmau Groegaidd yn Olympia*

CAMPAU CYNNAR

Y Gêmau Olympaidd cyntaf y gwyddom ni amdanynt yw'r rhai a gynhaliwyd yn 776 C.C. (er y gallent ddyddio'n ôl i 1370 C.C.). Bryd hynny ras 200 llath oedd yr unig gystadleuaeth. Cogydd o'r enw Coroibos oedd yr arwr yn 776 C.C. a dim ond am un diwrnod y parhaodd yr ŵyl.

Ennill oedd popeth yn yr hen fyd; doedd dim o'r fath beth ag ail a thrydydd. Doedd pencampwr ddim yn derbyn medal aur chwaith, dim ond coron syml wedi ei gwneud o ddail y coed olewydd.

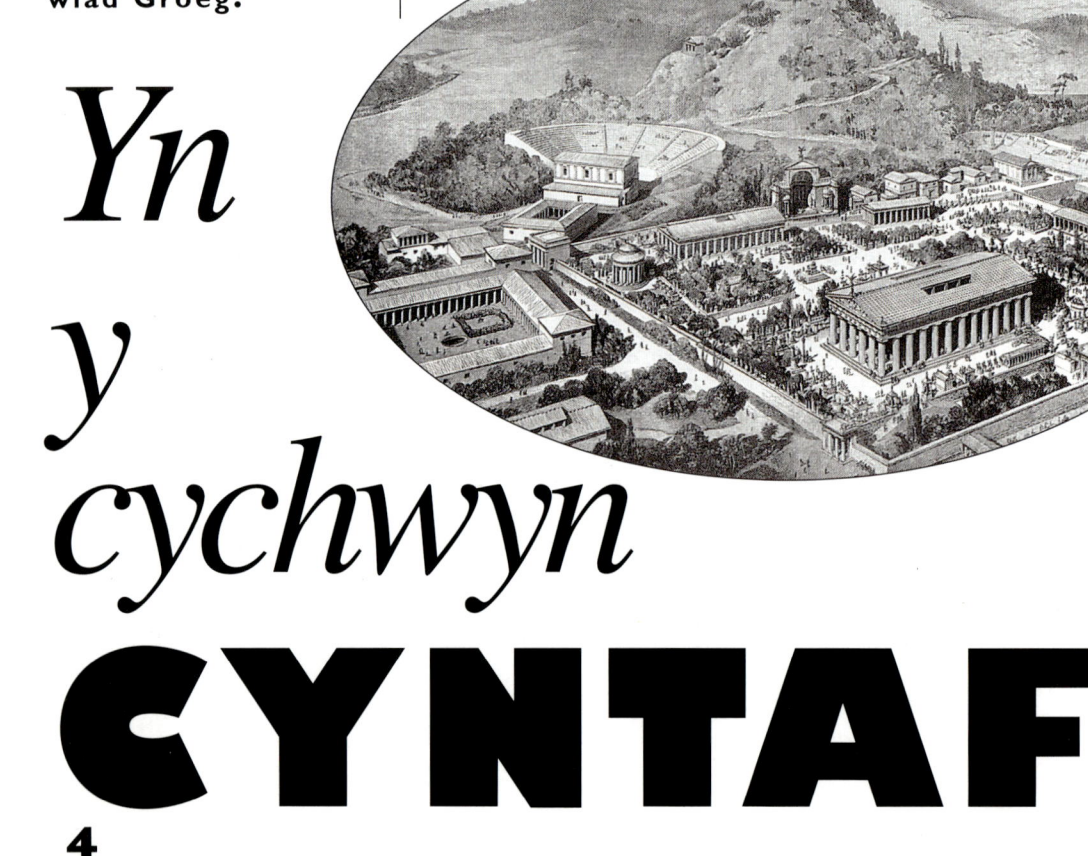

O DAN BWYSAU

Yn nes ymlaen cafodd y Gêmau eu hymestyn dros bum diwrnod ac ymysg y cystadlaethau roedd un lle câi cerbydau rhyfel eu tynnu'n wyllt gan dîm o geffylau o amgylch y trac. O'u cymharu â heddiw roedd gan y rhedwyr cynnar un anfantais fawr – roedd yn rhaid iddynt wisgo arfwisg! Cystadleuaeth boblogaidd oedd y pentathlon, roedd iddi bum cam gwahanol a dyma sylfaen yr heptathlon a'r decathlon modern.

BYGWTH BYWYD

Wrth i'r Gêmau ddod yn fwy a mwy poblogaidd dechreuodd y gynulleidfa ysu am fwy o gyffro. Dyna pam, yn 648 C.C., y cafodd cystadleuaeth o'r enw pancratiwm ei chyfwyno i'r Gêmau. Roedd hon yn gystadleuaeth beryglus tu hwnt ac yn cynnwys reslo, jiwdo a bocsio efo menig ac arnynt lafnau miniog. Does syndod i nifer o athletwyr farw wrth gymryd rhan ynddi.

Pan ddaeth Groeg yn rhan o Ymerodraeth Rhufain collodd y Gêmau eu harwyddocâd crefyddol. Ennill arian oedd yn bwysig i'r cystadleuwyr yn awr. Yna dechreuodd safonau ostwng a daeth yr Ymerawdwr Theodosius â'r Gêmau i ben yn 394 O.C.

AILADRODD HANES

A dyna ddiwedd y Gêmau Olympaidd am 1,502 o flynyddoedd. Yn 1875 daeth archaeolegwyr o'r Almaen ar draws olion safle'r hen Gêmau. Hyn a roddodd y syniad i Ffrancwr o'r enw Baron de Coubertin am gynnal y Gêmau Olympaidd modern. Byddai'r Gêmau hyn yn cynnwys nifer o'r hen gystadlaethau ond ychwanegwyd rhai newydd megis y marathon atynt. Cafodd y Gêmau modern cyntaf eu cynnal yn Athen yn 1896. Eu bwriad oedd annog heddwch rhwng gwledydd a hyrwyddo mabolgampau amatur. Dim ond 13 o wledydd a gymerodd ran a dynion oedd y cystadleuwyr i gyd.

Roedd y Gêmau nesaf, yn 1900, yn fethiant llwyr. Doedd dim trefn ac ni wyddai rhai o'r athletwyr eu bod yn cymryd rhan yn y Gêmau Olympaidd!

Ni chafodd merched gymryd rhan yn y Gêmau Olympaidd tan 1900

▲ 'Cymryd rhan sy'n bwysig, nid ennill,' meddai Baron de Coubertin, y gŵr a fu'n gyfrifol am ailsefydlu'r Gêmau Olympaidd (ail ar y chwith).

Cyn hir roedd cynlluniau ar y gweill a fyddai'n sicrhau bod Gêmau Olympaidd y dyfodol yn rhai arbennig iawn.

▲ Wrth groesawu'r Gêmau Olympaidd mae gwledydd am y gorau i greu argraff. Treuliodd Japan bum mlynedd yn paratoi ar gyfer Gêmau Tokyo yn 1964. Adeiladwyd stadiwm hardd, gwesty 17 llawr a phentref i'r athletwyr oedd yn cynnwys yr holl gyfleusterau diweddaraf.

YN BAROD AMDANI!

Y seremoni agoriadol a'r fflam Olympaidd

Erbyn hyn mae'r seremoni drawiadol sy'n agor y Gêmau Olympaidd bron mor boblogaidd â'r cystadlaethau eu hunain. Uchafbwynt y seremoni wrth gwrs yw cynnau'r fflam Olympaidd. Bydd miloedd o redwyr trawsgwlad wedi trosglwyddo ffagl o dân o ddyffryn Olympia yng Ngroeg i'r stadiwm lle mae'r Gêmau'n cael eu cynnal. Mae'n anrhydedd mawr cael eich dewis i gario'r ffagl ar ran o'i thaith a bydd un rhedwr lwcus yn cael cynnau'r fflam a fydd yn llosgi drwy gydol y Gêmau.

Y pellaf mae ffagl wedi ei drafaelio o fewn un gwlad yw 11,228 o filltiroedd ar gyfer Gêmau'r Gaeaf yng Nghanada, 1988. Cyrhaeddodd y ffagl o Roeg ar 17 Tachwedd 1987 ac erbyn cyrraedd Calgary ar 13 Chwefror 1988 roedd wedi ei chludo ar droed, mewn awyren, mewn sled a cherbyd eira.

FFAN-TASTIG

Yn y Gêmau ym Mharis yn 1900 roedd mwy o athletwyr na gwylwyr – prin 1,000 oedd yno. Heddiw mae miliynau o bobl yn mynychu'r Gêmau a mwy fyth yn eu mwynhau ar y teledu.

Mae'r Gêmau bob amser yn cychwyn â gorymdaith fawreddog i'r stadiwm. Athletwyr Groeg sydd ar y blaen ac athletwyr y gwledydd eraill y tu ôl iddynt yn nhrefn yr wyddor. Yna agorir y Gêmau gan arweinydd y wlad lle maent yn cael eu cynnal a chodir y fflag Olympaidd. Mae'r pum cylch ar y fflag yn cynrychioli pum cyfandir y byd.

SBLOET GO-IAWN

Mae nifer o'r seremonïau agoriadol wedi bod yn drawiadol iawn. Gêmau'r Gaeaf yn Lillehammer, Norwy yn 1994 oedd y rhai mwyaf erioed ac yn y seremoni yno perfformiwyd pob math o gampau ar eira a rhew. Daeth y byd adloniant i'r seremoni yn Los Angeles yn 1984 a chanu a dawnsio'n chwarae rhan hollbwysig ynddi. Yn Moscow yn 1980 gollyngwyd miloedd o falŵns i'r awyr a llenwyd canol y stadiwm â phobl er mwyn ffurfio'r gair 'Croeso' mewn llythrennau breision.

Bob pedair blynedd mae'r seremonïau'n fwy a mwy ysblennydd, mae recordiau'n cael eu torri a champau anhygoel yn cael eu cyflawni – a hynny cyn i'r Gêmau ddechrau hyd yn oed!

AUR Y BYD

Llongyfarchiadau – ar ennill copr!

Mae pawb yn gwybod bod medalau Olympaidd wedi eu gwneud o aur, arian ac efydd. Ond tybed? Mewn gwirionedd arian wedi ei orchuddio â haen denau o aur yw'r fedal aur, mae'r fedal arian *yn* arian a'r fedal efydd wedi ei gwneud o gopr.

Penderfynodd trefnwyr y Gêmau modern cyntaf yn Athen yn 1896, bod gormod o rwysg yn perthyn i fedalau aur. Roedd medalau arian yn hen ddigon da. Ar un ochr i'r medalau hyn roedd Zeus yn dal y dduwies chwaraeon ar glôb. Ar yr ochr arall roedd y Parthenon, rhan o adeilad hynafol yr Acropolis.

Yn y Gêmau nesaf, ym Mharis, roedd y Ffrancwyr yn benderfynol o fynd un yn well. Derbyniodd yr enillwyr yno fedal aur a hynny am y tro cyntaf mewn hanes – a'r tro olaf!

DIM MEDAL O GWBL

Weithiau ni dderbyniai'r enillwyr fedalau o gwbl ac roedd rhaid iddynt fodloni ar wobrau arbennig megis darn o gelf.

O 1928 hyd 1992 ni newidiodd cynllun y medalau. Yna, ar gyfer y Gêmau yn Barcelona gofynnwyd i gerflunydd o Sbaen gynllunio medalau newydd. Penderfynodd ddefnyddio mwy o aur ac ychwanegu'r cylchoedd Olympaidd a'r dail llawryf. Ond hyd yn oed pe bai'r medalau wedi eu gwneud o dun byddent yn dal yn werth eu pwysau mewn aur.

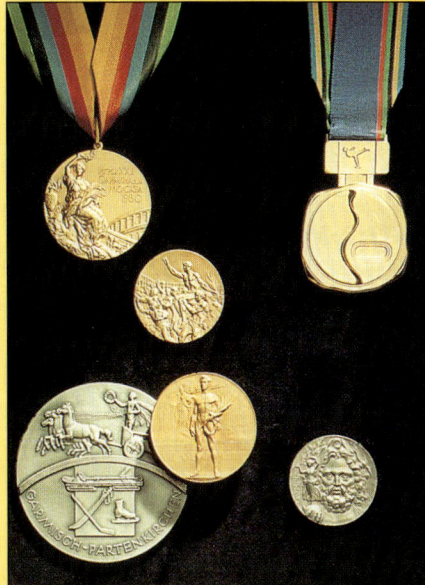

Dim ond Y GORAU

Arwyr y gorffennol

◀ **HAF A GAEAF**
Yr unig ŵr i ennill medal aur yng Ngêmau'r Gaeaf a'r Haf oedd yr Americanwr, Edward Patrick Francis Egan. Bocsiodd ei ffordd i'r brig yn 1920. Yna yng Ngêmau'r Gaeaf 1932 roedd yn un o dîm o bedwar a wasgodd i fobsled ac ennill medal aur arall.

▲ **TARO 10**
Yng Ngêmau Montreal yn 1976 camodd Nadia Comaneci, 14 oed, yn syth i'r llyfrau hanes. O flaen torf o 18,000 sgoriodd farciau llawn o 10 ar y barrau anghymesur. Yn yr un Gêmau cafodd farciau llawn mewn chwe champ arall yn yr adran gymnasteg.

▶ **TARZAN**
Gwnaeth Johnny Weissmuller gryn argraff yng Ngêmau Paris yn 1924 a'r Gêmau yn Amsterdam yn 1928. Nofiodd i ffwrdd ag wyth medal aur. Ef hefyd oedd yr arwr Olympaidd cyntaf i fynd i fyd y ffilmiau.

▲ AR FRIG Y DON
Roedd y nofiwr Mark Spitz o'r UD wedi gobeithio ennill chwe medal yng Ngêmau 1968. Dim ond dwy a enillodd ond yng Ngêmau 1972 yn Munich ef oedd seren y cystadlaethau nofio. Torrodd bob record drwy ennill saith medal aur!

▼ TROEDNOETH
Er ei fod yn rhedeg yn droednoeth Abebe Bikila o Ethiopia oedd y cyntaf i ennill y marathon ddwywaith ar ôl ei gilydd. Ar ôl croesi'r llinell derfyn yn yr amser cyflymaf erioed yn 1964 roedd ganddo'n dal ddigon o egni ar ôl i ddiddanu'r dorf ag ymarferion.

◀ DISGIAU AUR
Taflu disgen oedd camp Al Oerter ac ef oedd yr athletwr cyntaf i ennill pedair medal aur ar ôl ei gilydd – yn 1956, 1960, 1964, ac 1968.

PENCAMPWYR IFANC

Mae rhai'n ennill medalau aur tra bo eraill o'r un oedran yn dal yn yr ysgol

Dim ond yr athletwyr gorau sy'n cymryd rhan yn y Gêmau Olympaidd a does wahaniaeth beth yw eu hoedran – 15 neu 55.

Fodd bynnag, mae'r rheolau'n nodi na ddylai cystadleuwyr beryglu eu hiechyd ac mae'n bosibl bod y rheini sy'n rhy hen neu'n rhy ifanc yn rhoi gormod o straen ar y corff a'r meddwl.

YSTWYTH AC EOFN

Yr adran gymnasteg sy'n denu'r athletwyr ieuengaf. A dweud y gwir mae'r rhan fwyaf ohonynt wedi ymddeol erbyn cyrraedd yr oed y bydd y rhan fwyaf ohonom yn dechrau gweithio.

Wrth i safonau godi yn ystod y 60au a'r 70au dechreuodd hyfforddwyr gymnasteg edrych am blant ifancach ac ifancach oedd nid yn unig yn ystwyth ond yn eofn o flaen cynulleidfa. Un o'r rhain oedd Olga Korbut (uchod ar y dde). Naw oed oedd hi pan ddechreuodd dderbyn hyfforddiant bob dydd mewn clwb gymnasteg yn Rwsia. Erbyn ei bod yn 14 roedd yn seren genedlaethol.

Bu Nadia Comaneci'n hyfforddi'n galed am flynyddoedd. Chwech oed oedd hi pan gafodd ei darganfod ac fe'i hanfonwyd i ganolfan hyfforddi genedlaethol Romania.

Un ar bymtheg oedd yr Americanes, Mary Lou Retton (uchod, canol) pan enillodd fedal aur yng Ngêmau Los Angeles yn 1984. Erbyn hynny roedd hi'n hen law ar gystadlu oherwydd dim ond wyth oed oedd hi pan gymerodd ran yn ei chystadeuaeth fawr gyntaf.

Gall hyfforddwr gymnasteg da edrych ar blentyn pump oed a dweud a oes deunydd pencampwr ynddo

DIPYN O SIOC

Doedd y gŵr ieuengaf i ennill medal aur ddim wedi bwriadu cystadlu o gwbl. Ond aeth adref o Gêmau Paris yn 1900 efo aur yn ei boced a gwên fawr ar ei wyneb.

Dr Hermanus Brockmann oedd i fod i lywio'r ras rwyfo i ddau ar ran yr Iseldiroedd. Ond gan ei fod yn rhy drwm i'r cwch gofynnwyd i Ffrancwr ifanc gymryd ei le ac aeth y tîm ymlaen i ennill medal aur. Ŵyr neb beth oedd enw'r bachgen ond roedd rhwng 7 a 9 oed ac ef yw'r pencampwr Olympaidd ieuengaf erioed.

Y ferch ieuengaf i ennill medal aur oedd Kim Yoon-Mi o Dde Korea. Yn 13 roedd yn rhan o'r tîm cyfnewid a enillodd y ras sglefrio 3,000 metr yn 1994.

● **DECATHLON**
Dim ond 17 oedd Bob Mathias (uchod ar y chwith) o'r UD pan enillodd fedal aur am y gamp hon yng Ngêmau Llundain yn 1948. Arhosodd ar y brig am nifer o flynyddoedd cyn mynd ymlaen i gystadlu yn y byd gwleidyddol.

● **RAS GYFNEWID**
Barbara Jones o'r UD yw'r ieuengaf i ennill medal aur am redeg. 15 oed oedd hi pan gymerodd ran yn y ras gyfnewid 4x100 yng Ngêmau Helsinki yn 1952.

● **BOBSLED**
Dim ond rhai pobl fyddai'n meddwl bod rasio i lawr llethr iâ serth yn hwyl. Mae bod yn ifanc yn help mae'n siŵr ac 16 oedd William Fiske pan yrrodd ei dîm o bedwar i fuddugoliaeth yng Ngêmau'r Gaeaf 1928.

ARWYR Y

Mae'r athletwyr yn barod a'r tensiwn yn codi wrth iddynt aros yr alwad i gychwyn ...

Does dim byd tebyg i'r awyrgylch ar drac rhedeg y Gêmau Olympaidd. O fewn eiliadau a munudau mae breuddwydion un ai'n cael eu gwireddu neu'n chwalu am byth. Ond mae ambell ras wedi bod yn fwy cofiadwy nag eraill.

▲ HAROLD ABRAHAMS
O: Brydain
Cystadleuaeth: 100 m

Bu Harold Abrahams yn ymarfer yn galetach na'r un athletwr o'i flaen er mwyn ennill medal aur yn y ras 100 metr. Yng Ngêmau Paris yn 1924 llwyddodd i gyflawni ei uchelgais. Cewch hanes Harold Abrahams a'r athletwyr eraill a enillodd aur i Brydain yn 1924 yn y ffilm *Chariots of Fire*.

▼ DORANDO PIETRI
O'r: Eidal
Cystadleuaeth: marathon

Y marathon yw un o gystadlaethau caletaf y Gêmau. Rhaid i'r cystadleuwyr redeg 26 milltir a hynny beth bynnag fo'r tywydd. Yn Llundain yn 1908 Dorando Pietri oedd ar y blaen o'r cychwyn cyntaf. Yna, a'r diwedd o fewn golwg, fe'i gorchfygwyd gan flinder – syrthiodd i'r llawr a chael ei gario dros y llinell derfyn.

Ond er nad ef a enillodd y ras daeth yn arwr oherwydd ei ddewrder a'i nerth.

▶ JESSE OWENS
O: UDA
Cystadlaethau: 100 m, 200 m, a'r naid hir

Mae i Jesse Owens le pwysig yn hanes y Gêmau Olympaidd oherwydd ei gampau anhygoel. Yng Ngêmau 1936 yn Berlin enillodd nid yn unig y ras 100 a 200 metr ond cystadleuaeth y naid hir hefyd.

Roedd ei fuddugoliaethau'n fwy arbennig byth oherwydd ar y pryd roedd Adolf Hitler (arweinydd ffasgaidd yr Almaen) yn mynnu bod pobl ddu yn israddol. Roedd yr arena'n llawn swastikas, arwyddlun y ffasgwyr, a drwgdeimlad tuag at athletwyr tywyll eu croen ymhobman. Ond er gwaethaf hyn oll Jesse Owens a enillodd y dydd.

TRAC

▲ FANNY BLANKERS-KOEN
O'r : Iseldiroedd
Cystadlaethau : 100 m, 200 m, ras gyfnewid 4x100 m, a'r ras 100 m dros y clwydi

Mae hanes Fanny Blankers-Koen o'r Iseldiroedd yn dangos yn glir bod dyfalbarhad a gwaith caled yn talu'u ffordd. Yn 18 cafodd ei dewis i gynrychioli ei gwlad yng Ngêmau Berlin yn 1936. Methodd ag ennill medal ac oherwydd yr Ail Ryfel Byd ni chafodd gyfle arall am 12 mlynedd. Erbyn hynny roedd yn 30 a chredai llawer ei bod yn rhy hen i gystadlu yn erbyn goreuon y byd. Roedd hefyd wedi cael babi ond ni rwystrodd hynny hi rhag teithio ledled Ewrop i gystadlu. Yna yn 1948 synnodd bawb drwy ennill pedair medal aur gan gynnwys un am redeg y 100 metr mewn 11.9 eiliad!

KIP KEINO
O : Kenya
Cystadleuaeth : 1,500 m

Mae'r ras 1,500 metr (milltir) yn gofyn am ddefnydd celfydd o dactegau ynghyd â sgìl a nerth anhygoel. Mae nifer o'r rhedwyr gorau dros y pellter hwn wedi dod o Kenya ac yn y Gêmau yn ninas Mecsico yn 1968 torrodd Kip Keino bob record flaenorol. Yr hyn sy'n rhyfeddol am ei fuddugoliaeth yw ei fod wedi cael ei ddal mewn traffig ar ei ffordd i'r stadiwm ac wedi gorfod loncian bron i filltir er mwyn cyrraedd mewn pryd.

▲ MARITA KOCH
O : Ddwyrain yr Almaen
Cystadleuaeth : 400 m

Un athletwraig oedd ymhell ar y blaen am 12 mlynedd oedd Marita Koch o Ddwyrain yr Almaen. Torrodd record y byd yn y ras 400 metr saith gwaith.

LASSE VIREN
O'r : Ffindir
Cystadlaethau : 5,000 m a 10,000 m

Roedd Lasse Viren, heddwas o'r Ffindir, yn sicr yn gwybod sut i wneud argraff. Yng Ngêmau Munich yn 1972 cipiodd aur yn y ras 5,000 a 10,000 metr. Ac er iddo syrthio yn ystod y ras 10,000 metr cododd a mynd yn ei flaen i dorri record y byd. Bedair blynedd yn ddiweddarach enillodd y ddwy ras am yr eildro yng Ngêmau Montreal.

▼ ED MOSES
O : UDA
Cystadleuaeth : 400 m dros y clwydi

Doedd gan yr un athletwr arall obaith yn erbyn Edwin Moses o'r UD. Y 400 metr dros y clwydi oedd ei gamp ef ac enillodd aur am y tro cyntaf yng Ngêmau Montreal. Ar ôl hynny aeth ymlaen i dorri ei record ei hun sawl tro cyn mynnu'r fedal aur am yr eildro yng Ngêmau Los Angeles.

SCANDAL!
Rhyfeloedd, trychinebau a thwyllwyr!

Undeb Sofietaidd â mynd i'r Gêmau yn Los Angeles.

Digwyddodd y drychineb Olympaidd waethaf erioed yn Munich yn 1972.

◀ Yr olygfa wedi'r drychineb yn Munich yn 1972

Dros y blynyddoedd mae sawl argyfwng wedi amharu ar y **Gêmau Olympaidd.** Weithiau mae athletwyr yn cael eu cyhuddo o dwyllo a thro arall mae rhyfeloedd a therfysgaeth wedi llwyddo i fygwth bodolaeth y Gêmau eu hunain.

Yn hen wlad Groeg roedd y Gêmau Olympaidd yn cael eu cynnal doed a ddelo. Hyd yn oed os oedd y gwahanol daleithiau yn rhyfela câi heddwch dros dro ei gyhoeddi dros gyfnod y Gêmau. Ond oherwydd graddfa'r Rhyfel Byd Cyntaf a'r Ail, ni chafodd y Gêmau eu cynnal o gwbl yn ystod y blynyddoedd hynny.

Oherwydd anghydfod rhyngwladol mae gwledydd weithiau wedi gwrthod cymryd rhan yn y Gêmau. Yn 1980 gwrthododd yr UD fynd i'r Gêmau yn Moscow fel protest yn erbyn ymosodiad yr Undeb Sofietaidd ar Afghanistan. Bedair blynedd yn ddiweddarach gwrthododd yr

14

◀ Collodd y ffensiwr Boris Onischenko o Rwsia ei fedal aur pan ddaeth hi'n amlwg ei fod wedi ymyrryd â'i gleddyf.

Ymosododd terfysgwyr Arabaidd ar yr adeilad lle'r oedd tîm Israel yn aros. Lladdwyd 11 o'r athletwyr, 5 terfysgwr ynghyd ag un heddwas.

CYWILYDD

Cafodd y byd i gyd goblyn o sioc wedi'r ras 100 metr derfynol yn Seoul ar 24 Medi 1988. Roedd yr awyrgylch yn drydanol wrth i'r dynion cyflymaf yn y byd baratoi i gychwyn. Yn eu mysg roedd Carl Lewis, Linford Christie (isod ar y chwith), a Ben Johnson (isod ar y dde).

Ben Johnson a groesodd y llinell derfyn gyntaf a hynny yn yr amser anhygoel o 9.79 eiliad. Dyma'r ras gyflymaf erioed a Ben Johnson oedd y dyn cyflymaf yn y byd. Ond ddim am hir! Ymhen ychydig oriau dangosodd profion ei fod wedi cymryd cyffuriau. Collodd ei fedal aur a dychwelyd i Ganada mewn cywilydd.

Nid ef oedd yr athletwr cyntaf i gymryd cyffuriau ac yn sicr nid ef fydd yr olaf. Ers blynyddoedd maith mae cyffuriau wedi cael eu defnyddio gan athletwyr i wella eu perfformiad. Yn 1904 derbyniodd Thomas Hicks, yr enillydd marathon o St. Louis, gymysgfa o gyffuriau a brandi yn ystod y ras. Yna yn 1960 bu farw'r beiciwr Knut Jensen o Ddenmarc yn ystod ras yn Rhufain – nid oherwydd y gwres ond oherwydd iddo gymryd gormod o gyffuriau.

GWELL HWYR NA HWYRACH

Mae'n siŵr bod Eddie Hart a Ray Robinson o'r UD yn gandryll wedi iddynt fethu â chymryd rhan yn y ras 100 metr derfynol yn 1972. Roedd amserlen eu bws wedi newid.

Collodd Miruts Yifter o Ethiopia ei gyfle i ennill aur yn y ras 5,000 metr yn 1972 oherwydd iddo dreulio gormod o amser yn y tŷ bach! O ganlyniad bu'n rhaid iddo aros tan 1980 cyn gwireddu ei freuddwyd.

DYNES NEU DDYN?

Yn yr 1930au Stella Walsh o Wlad Pwyl oedd un o'r rhedwyr cyflymaf yn y byd. Cipiodd y fedal aur yn Amsterdam yn 1932 a'r fedal arian yn Berlin yn 1936. Fodd bynnag, pan fu farw bron i 44 o flynyddoedd yn ddiweddarach fe ddaeth yn amlwg mai dyn ydoedd mewn gwirionedd.

❄ IÂ-IÂ ❄ IASOER

Gêmau'r Gaeaf

Pe bai rhywun yn gofyn ichi glymu dau ddarn o fetel i'ch traed a hyrddio'ch hun i lawr mynydd uchel go brin y byddech yn gwrando arno. Ond dyna'n union mae'r rhai sy'n sgïo i lawr gelltydd yng Ngêmau'r Gaeaf yn mwynhau ei wneud. Yn y ras hon gall cystadleuwyr gyrraedd y cyflymdra anhygoel o 75 milltir yr awr. Maent yn mwynhau'r her a'r perygl. Mae'r trefnwyr yn ceisio sicrhau bod y cwrs yn ddiogel drwy ychwanegu troeon a fydd yn arafu'r ras ond hyd yn oed wedyn mae ras y dynion bob amser yn cynnwys disgynfa o 2,600 troedfedd.

O DRWCH BLEWYN

Mae'n debyg mai'r enwocaf am sgïo i lawr gelltydd oedd y Ffrancwr Jean Claude Killy a enillodd dair medal aur yng Ngêmau'r Gaeaf 1968 yn Grenoble. Sgïwr arall a wnaeth enw iddo'i hun oedd Franz Klammer o Awstria. Yn Innsbruck yn 1976 trydydd ydoedd ar ôl yr hanner cyntaf. Ond hedfanodd ei ffordd drwy'r ail hanner ac ef a gipiodd y fedal aur. Dim ond un rhan o dair o eiliad oedd rhyngddo ef a'r ail.

Eraill sy'n gwneud eu marc yn yr eira yw'r rhai sy'n cymryd rhan yn y slalom a'r slalom fawr. Rhaid i'r sgïwyr symud mor gyflym â phosibl rhwng y polion sydd wedi'u gosod ar y cwrs. Y rasiwr slalom mwyaf llwyddiannus yn y Gêmau Olympaidd yw Alberto Tomba o'r Eidal. Mae wedi mynd â medalau adref dair gwaith yn olynol ac wedi derbyn pump ohonynt i gyd – record!

AR WIB

Y rhai sy'n symud gyflymaf yng Ngêmau'r Gaeaf yw'r timau bobsled. Wrth wibio i lawr twneli iâ gall y timau o ddau neu bedwar gyrraedd cyflymdra o 90 milltir yr awr. Wrth i'r bobslediau eu hunain ddatblygu'n well a gwell mae'r gamp wedi mynd yn fwy cystadleuol. Weithiau bydd timau'n ysbïo ar ei gilydd er mwyn cael gwybodaeth am offer eu gwrthwynebwyr.

ADAR YR EIRA

Un o'r cystadlaethau mwyaf trawiadol yng Ngêmau'r Gaeaf yw'r naid sgïo. Mae'r neidiwyr yn ymddangos fel pe baent yn hofran fel adar drwy'r awyr. Ond mae'r sgïs

▲ *Daeth rasys sglefrio'n boblogaidd yn yr 1900au ond ni chynhwyswyd nhw yn y Gêmau Olympaidd tan 1924.*

maent yn eu gwisgo yn llawer trymach na sgïs cyffredin ac yn pwyso dros 15 lb yr un. Beirniedir neidiwyr ar safon eu cychwyniad, eu glaniad a llyfnder eu taith drwy'r awyr. Er bod y gamp yn edrych yn beryglus a'r neidiwyr yn aml yn cyrraedd cyflymdra o 60 milltir yr awr, mewn gwirionedd, cyn belled â bod y tywydd yn ffafriol, maent yn gymharol saff.

Un o'r neidiwyr sgïo gorau yn y byd yw Finn Matti Nykänen a enillodd aur yng Ngêmau'r Gaeaf yn 1984 ac 1988. Tra oedd ef ar y blaen yn 1988 roedd Michael Edwards o Brydain ymhell ar ôl. Eddie the Eagle oedd ei lysenw a daeth yn enwog dros nos oherwydd ei fod mor anobeithiol – roedd yn sgorio llai na hanner pwyntiau gweddill y neidiwyr.

1988 ac mae Alberto Tomba a Matti Nykänen ar fin cipio aur.

TISIO DAWNSIO?

Y cystadlaethau sglefrio ffigur yw'r rhai mwyaf gosgeiddig yng Ngêmau'r Gaeaf. Er bod blynyddoedd ers i'r sglefrwraig Sonja Henie o Norwy gystadlu ddiwethaf mae ei henw'n fyw fyth. Cymerodd ran yn ei Gêmau cyntaf yn 1924 a hithau'n ddim ond 10 oed. Ar ôl hynny aeth ymlaen i ennill aur yng Ngêmau 1928, 1932 ac 1936.

O'r holl gystadlaethau sglefrio y dawnsio sy'n denu'r torfeydd mwyaf. Arhosodd Jane Torvill a Christopher Dean (ar y dde), y pâr o Brydain ar y brig am nifer o flynyddoedd ac yng Ngêmau 1984 dyfarnwyd iddynt farciau llawn o 6.0 ddim llai na 12 o weithiau. Cŵl!

17

Roedd pawb yn meddwl eu bod yn wallgo! Jamaica, un o'r gwledydd poethaf yn y byd yn anfon tîm bobsled i'r Gêmau Gaeaf yn Calgary yn 1988.

Nhw oedd y cyntaf i gystadlu o wledydd y Caribî a doedd rhai o'r tîm erioed wedi gweld eira go-iawn o'r blaen.

Roedd eu hyfforddwr wedi dod ar eu traws mewn ras wthio cart yn Kingston, Jamaica. Sylweddolodd fod y dechneg yn ddigon tebyg i'r un oedd ei hangen ar gyfer bobsledio ac aeth ati i berswadio'r tîm i gystadlu. Ni fu iddynt ennill medal a chafodd un o'r tîm ei daflu o'r sled. Er hynny, roedd eu hamser ar derfyn y ras yn ddigon parchus.

SIARAD SIOP
Un athletwraig a gafodd ei synnu gan ei llwyddiant oedd Ann Packer (isod), y rhedwraig 800 metr o Brydain. Roedd hi'n hynod siomedig â'i pherfformiad yn y ras ragbrofol ac ar fin rhoi'r ffidil yn y to a mynd i siopa i Tokyo. Wrth lwc newidiodd ei meddwl a mynd ymlaen i ennill medal aur yn y ras derfynol.

SWNIAN A SWNIAN
Roedd y neidiwr uchel Duncan McNaughton yn benderfynol o gystadlu yng Ngêmau Olympaidd 1932 er nad oedd wedi cael ei ddewis i gynrychioli Canada. Ar ôl misoedd o swnian llwyddodd i berswadio'r dewiswyr i adael iddo roi cynnig arni a synnodd bawb drwy ennill medal aur!

PERERIN!
Wyddai fawr neb mo enw'r athletwr dieithr a safai ar linell gychwyn y ras 400 metr yn Athen yn 1896. Ond ar ôl ennill y ras honno a'r ras 800 metr daeth Paul Pilgrim yn seren dros nos. Yn anffodus fodd bynnag nid enillodd yr un ras fawr wedyn.

Yn blentyn roedd yr athletwr Ray Ewry o'r UD wedi dioddef o bolio. Serch hynny, yn 1900, 1904 ac 1908 llamodd i'r llyfrau record drwy ennill wyth medal aur am y naid driphlyg stond, y naid hir stond a'r naid uchel stond.

NI SY WEDI ENNILL!
A'r rhai olaf a fyddant yn flaenaf – pencampwyr annhebygol!

TISIO FFEIT?
Trechaf Treisied!

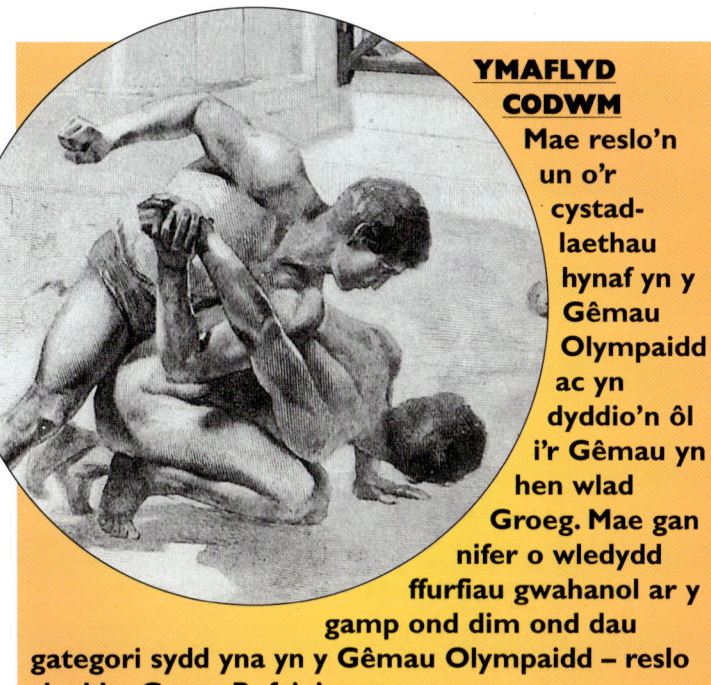

YMAFLYD CODWM

Mae reslo'n un o'r cystadlaethau hynaf yn y Gêmau Olympaidd ac yn dyddio'n ôl i'r Gêmau yn hen wlad Groeg. Mae gan nifer o wledydd ffurfiau gwahanol ar y gamp ond dim ond dau gategori sydd yna yn y Gêmau Olympaidd – reslo rhydd a Greco-Rufeinig.

Yn y Gêmau cynnar roedd y bach a'r mawr yn gorfod ymaflyd â'i gilydd. Doedd dim cyfyngiadau amser chwaith ac yn 1912 aeth un ornest ymlaen am 11 awr a 40 munud!

MANTAIS I JAPAN

Cafodd jiwdo ei gynnwys yn y Gêmau Olympaidd am y tro cyntaf yn 1964 a hynny ar gais Japan. Yng Ngêmau'r flwyddyn honno yn Tokyo roedd pedwar categori : pwysau ysgafn, pwysau canolig, pwysau trwm, ac agored. Wrth gwrs, y Japaneaid a gipiodd y rhan fwyaf o'r medalau!

DAWNS GLEDDYFAU

Nod y ffensiwr yw taro neu gyffwrdd ei wrthwynebydd â blaen ei gleddyf. Rhaid wrth dechneg a dawn ac mae ffensiwr modern yn ymddangos fel pe baent yn dawnsio â'i gilydd.

DWRN AM DDWRN

Mae bocsio'n boblogaidd iawn yn y Gêmau Olympaidd ac mae nifer o'r enillwyr wedi dod yn bencampwyr byd ar ôl mynd ymlaen i gystadlu yn y byd proffesiynol. Mae rhestr o'r bocsiwyr sydd wedi ennill medalau aur yn y Gêmau yn cynnwys enwau mawr fel Muhammad Ali a Sugar Ray Leonard. Ond ym marn llawer mae bocsio'n beryglus ac yn 1912 cafodd y gamp ei gwahardd o'r Gêmau yn Stockholm.

Y GAMP GALETAF O'R

Y decathlon – deg gwaith yn fwy o sialens

Mae pob athletwr Olympaidd yn rhagori ar ei gamp neu ei champ ei hun. **Ond mae'n rhaid i'r athletwyr sy'n cystadlu yn y decathlon fod ddeg gwaith yn well.** Dyma un o'r cystadlaethau hynaf yn y Gêmau Olympaidd ac mae'n dyddio'n ôl i 708 C. C.

Bryd hynny y pentathlon oedd enw'r gamp ac roedd iddi bum rhan – rhedeg, taflu gwaywffon, taflu disgen, reslo a'r naid hir. Roedd ennill yn anrhydedd fawr a byddai'r buddugwr yn derbyn gwobrau lu ac yn cael ei drin fel duw.

DEG UCHAF

Cystadleuaeth dros ddau ddiwrnod yw'r decathlon ac mae'n brawf ar nerth yn ogystal â gallu'r athletwr i ragori mewn deg camp wahanol. Daw'r gair o'r Groeg *deka* sy'n golygu deg ac *athlon* sy'n golygu cystadleuaeth. Mae'r diwrnod cyntaf yn cynnwys ras 100 metr, naid hir, taflu pwysau, naid hir a ras 400 metr. Yna, ar yr ail ddiwrnod rhaid i'r athletwyr gystadlu

Yr athletwr Jim Thorpe o'r UD a oedd 700 pwynt ar y blaen ar ddiwedd un decathlon.

CWBL

yn y ras 100 metr dros y clwydi, taflu disgen, taflu gwaywffon, neidio â pholyn a'r ras 1,500 metr. Does dim rhaid iddynt ennill bob tro ond mi ddylent ddod yn agos i'r brig yn aml.

GOREUON Y BYD

Yng Ngêmau Stockholm yn 1912 Jim Thorpe o'r UD (chwith) oedd y ffefryn i ennill medal aur yn y decathlon. Ac yn wir, ar ddiwedd y gystadleuaeth roedd 700 pwynt ar y blaen. Does ryfedd bod Brenin Sweden wedi dweud wrth gyflwyno'r wobr iddo mai ef oedd yr athletwr gorau yn y byd. Yn anffodus, ychydig flynyddoedd yn ddiweddarach, penderfynodd y Pwyllgor Olympaidd dynnu'r fedal oddi arno pan ddaeth hi'n amlwg ei fod wedi chwarae pêl-fas am arian. Doedd hynny ddim yn deg iawn ac er bod Jim wedi marw erbyn i'r penderfyniad gael ei ddileu roedd ei deulu yn falch iawn.

TIPYN O GES

Mae'n debyg mai'r decathletwr gorau o'r cwbl oedd Daley Thompson o Brydain (isod). Enillodd ef bob decathlon a gymerodd ran ynddi, o 1977 i 1984. Cipiodd aur yng Ngêmau 1980 ac 1984 ac mae'n debyg y byddai wedi ailadrodd ei gamp yn Seoul yn 1988.

Ond yn anffodus torrodd ei bolyn neidio a chafodd ei niweidio'n ddrwg. Roedd Daley Thompson yn dipyn o ges a dywedodd unwaith bod y decathlon, ar wahân i'r ras 1,500 metr, yn hawdd fel baw.

TA TA, DALEY!

Collodd Dan O'Brien o'r UD ei gyfle i gystadlu yn y decathlon yng Ngêmau 1992 oherwydd nad oedd ei naid â pholyn yn ddigon da. Yna yn 1995 torrodd record y byd am ei bwyntiau yng nghystadleuaeth y decathlon ac mae'n debyg mai ef fydd y Daley Thompson nesaf.

O'R PEN I'R HEP

Tan 1984 y pentathlon oedd cystadleuaeth y merched. Yna ychwanegwyd dwy gamp arall i greu'r hepathlon. O blith holl enillwyr y pentathlon a'r hepathlon mae Jackie Joyner-Kersee yn sefyll allan. Yn 1984 roedd y fedal aur o fewn ei chyrraedd ond collodd o bum pwynt pan enillodd Glynnis Nunn o Awstralia'r hepathlon gyntaf. Ond roedd Joyner-Kersee'n benderfynol o ennill a bu'n ymarfer yn galed ar gyfer Gêmau Seoul. Gwnaeth fwy nag ennill. Roedd ei sgôr o 7,291 yn ddigon i dorri record y byd ac roedd 394 o bwyntiau ar y blaen.

CHWARAE'R GÊM

fel rhan o dîm

▲ Sbaen a Gwlad Pwyl : goliau euraid 1992

Mae chwaraeon tîm wedi bod yn rhan o'r Gêmau Olympaidd ers dechrau'r ganrif.

Mae'n debyg mai gymnasteg a mabolgampau sydd fwyaf poblogaidd ond mae i gêmau megis hoci a phêl-droed eu lle hefyd.

Tan yn ddiweddar ni châi pêl-droedwyr proffesiynol gystadlu yn y Gêmau Olympaidd. Newidiwyd hyn yn 1984 ond serch hynny nid y timau mawr sy'n rhwydo'r medalau.

Y syndod mawr yng Ngêmau Seoul yn 1988 oedd bod Zambia wedi curo'r Eidal o 4 gôl i 0 yn y rownd gyntaf.

LLAW UCHAF

Cewch weld rhai o'r dynion talaf yn y byd yn chwarae yn y timau pêl-fasged.

Chwaraewyd y gêm am y tro cyntaf yn y Gêmau Olympaidd yn Berlin yn 1936. Bryd hynny ceisiodd y Ffederasiwn Bêl-fasged rwystro chwaraewyr dros 6 throedfedd 3 modfedd rhag cymryd rhan. Mawr fu'r protestio o du cewri'r UD ac wrth gwrs cafodd y rheol ei dileu.

Oherwydd dydi mawr ddim bob amser yn golygu gwell. Yng Ngêmau Llundain yn 1948 roedd tîm yr UD yn chwarae'n erbyn y tîm o China a oedd yn cynnwys rhai o chwaraewyr lleiaf y gystadleuaeth. Roedd un ohonynt yn methu'n glir â mynd heibio i Bob Kurland, canolwr 7 troedfedd yr UD, felly yn y diwedd rhedodd rhwng ei goesau. Aeth ymlaen wedyn i sgorio!

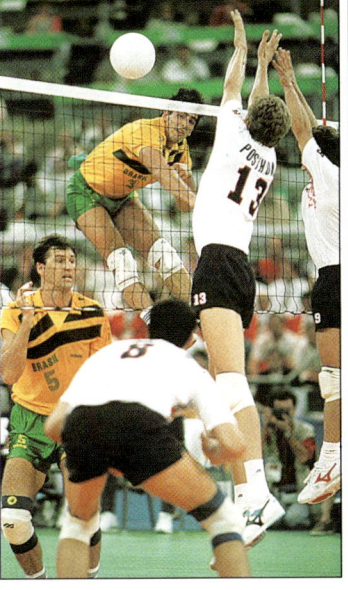

▲ FOLI FOLI
Cafodd pêl-foli, y gêm sy'n cael ei chwarae ar bob traeth yn California, ei chwarae yn y Gêmau Olympaidd am y tro cyntaf yn 1964.

Japan oedd â'r llaw uchaf drwy'r rhan fwyaf o'r 1960au. Roedd un hyfforddwr enwog, Hirofumi Diamatsu, yn mynnu bod ei chwaraewyr yn ymarfer chwe awr y dydd bob diwrnod yr wythnos. Does ryfedd iddo arwain tîm pêl-foli merched Japan i fuddugoliaeth yn 1964.

O 1996 ymlaen bydd merched yn cael cystadlu mewn mwy o chwaraeon tîm (gweler tudalen 31)

HANDI IAWN
Cyfuniad o bêl-droed a phêl-fasged yw pêl-law. Mae wedi bod yn rhan o'r Gêmau Olympaidd ers 1972 ac fe'i chwaraeir gan dîm o saith yn cynnwys gôl-geidwad. Mewn pêl-law mae'r bêl yn cael ei thaflu yn hytrach na'i chicio i lawr y cwrs. Y nod yn y pen draw yw llwyddo i'w thaflu heibio i'r gôl-geidwad i'r rhwyd.

HOCI I BAWB
Cafodd dynion chwarae hoci am y tro cyntaf yng Ngêmau Llundain yn 1908. Ond er bod merched wedi bod yn chwarae'r gêm yn yr ysgol ers blynyddoedd ni chafont chwarae yn y Gêmau Olympaidd tan 1980.

23

DYFROEDD DYFNION

Ffyrdd gwlyb o ennill medal

Coeliwch neu beidio ond fe gafodd y pencampwriaethau nofio cyntaf eu cynnal yn y môr.

Yn ogystal â dŵr rhewllyd roedd rhaid i'r cystadleuwyr ymdopi â thonnau 12 troedfedd! Alfred Hajos a enillodd y ras ac roedd ef wedi gorchuddio'i gorff â saim er mwyn cadw'n gynnes.

Cafodd y bencampwraig Dawn Fraser (isod yn y canol) fywyd go helbulus i mewn ac allan o'r dŵr. Yn Chwefror 1964 cafodd ei niweidio'n ddrwg mewn damwain car a laddodd ei mam. Serch hynny, ychydig fisoedd yn ddiweddarach hi a enillodd y ras nofio rhydd 100 metr yn Tokyo. Yna cafodd ei diarddel o dîm Awstralia am dderbyn her i ddwyn fflag o balas Ymerawdwr Japan. Aeth ymlaen i ennill medalau Olympaidd yr un fath yn union – pedair arian a phedair aur.

▲ TACTEGAU CALL

Tra oedd yn yr ysgol câi Duncan Goodhew ei bryfocio gan ei gyd-ddisgyblion am ei fod yn dioddef o ddyslecsia ac wedi colli ei wallt mewn damwain. Ond yn Moscow yn 1980 dangosodd iddynt be oedd be pan enillodd y ras dull broga 100 metr.

A dweud y gwir roedd ei foelni o fantais iddo. Tra oedd nofiwyr eraill yn siafio eu cyrff er mwyn gallu symud yn gyflymach drwy'r dŵr gallai Duncan ymlacio'n braf.

Roedd gan Sylvie Bernier o Ganada a enillodd y gystadleuaeth ddeifio oddi ar sbringfwrdd yn 1984 ffordd dda iawn o ymlacio. Roedd hi'n nerfus ofnadwy ac er mwyn cael gwared ar sŵn y stadiwm byddai'n gwrando ar gerddoriaeth ar ei stereo bersonol.

MOR WROL!

Nid ennill yw popeth ac mae hynny wedi ei brofi sawl tro yn y Gêmau Olympaidd.

Yn Seoul yn 1988 roedd Lawrence Lemieux o Ganada yn yr ail safle yn ystod pumed ras y gystadleuaeth hwylio Dosbarth Finn. Yn sydyn sylwodd fod cwch y cystadleuydd o Singapore wedi

Cafodd rasio slalom ar ddŵr ewynnog ei gyflwyno i'r Gêmau Olympaidd am y tro cyntaf yn Munich yn 1972. Y tîm o Ddwyrain yr Almaen a enillodd a doedd hynny ddim yn syndod – roeddent wedi bod yn ymarfer ar gwrs oedd yr un fath yn union â'r un yn y Gêmau.

troi drosodd ac aeth yn ôl i'w achub. Er nad enillodd fedal derbyniodd Lemieux wobr arbennig am iddo fod mor wrol.

Yn Melbourne yn 1956 roedd Stuart Mackenzie o Awstralia ar fin cipio aur yn y ras sgwlio i un. Ond yn sydyn dyma Vyacheslav Ivanov o'r Undeb Sofietaidd yn achub y blaen arno. 18 oedd oed Ivanov ac roedd wedi gwirioni cymaint nes iddo neidio i fyny ac i lawr ar y rostrwm - a gollwng ei fedal i'r dŵr! Er iddo ddeifio i mewn ar ei hôl ni lwyddodd i gael gafael arni ond wrth lwc cafodd fedal aur arall yn ei lle.

AR GEFN DY GEFFYL

Carlamodd y ceffylau cyntaf i'r Gêmau Olympaidd yn Stockholm yn 1912. Ers hynny mae'r cystadlaethau marchogaeth wedi dod yn un o brif atyniadau'r Gêmau.

Rhennir y cystadlaethau hyn yn dair adran – gornest dri diwrnod, neidio a pherfformio. Ymhob adran mae yna wobr i'r tîm gorau a'r unigolyn gorau. Yr ornest tri diwrnod yw'r prawf caletaf ar y ceffyl a'i farchog. Rhaid iddynt gymryd rhan mewn cystadleuaeth neidio, perfformio cyfres o symudiadau set a chwblhau cyfres o rwystrau dros bellter.

Mae ennill yr ornest dri diwrnod yn dipyn o gamp. Yn aml bydd y marchog yn syrthio oddi ar ei geffyl neu'n methu â chwblhau'r rhwystrau sy'n cynnwys neidio dros ddŵr a marchogaeth ar draws gwlad. Dim ond dau sydd wedi llwyddo i ennill medal aur ddwywaith yn olynol sef Charles Pahud de Mortanges ar ei geffyl Marcroix yn 1928 ac 1932 a Mark Todd o Seland Newydd ar Charisma yn 1984 ac 1988.

TALU'R PRIS

Statws amatur sydd i farchogaeth yn y Gêmau Olympaidd ond serch hynny mae'n fusnes drud iawn. Rhaid i gystadleuwyr godi digon o arian nid yn unig i brynu a hyfforddi'r ceffyl iawn ond er mwyn cludo'r ceffyl a'r offer angenrheidiol i'r Gêmau. Mae nifer o gystadleuwyr wedi gorfod gwerthu eu cartrefi a'u heiddo er mwyn codi'r arian. Ffermwr o Seland Newydd oedd Mark Todd a gwerthodd y rhan fwyaf o'i warthag er mwyn gwireddu ei freuddwyd Olympaidd.

TRYCHINEB

Yn ogystal â bod yn ddrud fe all marchogaeth fod yn beryglus. Weithiau bydd ceffylau'n marw wrth gymryd rhan yn y Gêmau Olympaidd a reidwyr yn torri rhannau o'u cyrff. Roedd y rhwystrau yn Berlin yn 1936 mor anodd fel y bu i dri cheffyl farw a dim ond 27 o'r 50 cystadleuydd gwreiddiol a lwyddodd i gwblhau'r cwrs. Tîm yr Almaen a orfu ond buont yn hynod ddewr. Wrth wynebu'r rhwystrau syrthiodd un o'r tîm, Konrad Freiherr von Wangenheim oddi ar Kurfürst, ei geffyl, a thorri pont ei ysgwydd.

Y diwrnod canlynol daeth i'r arena ar gefn Kurfürst er mwyn cymryd rhan yn y gystadleuaeth neidio. Roedd ei fraich mewn sling. Wrth y naid ddwbl cododd Kurfürst ar ei goesau ôl ond wrth lwc ni chafodd ef na Von Wangenheim niwed ac aeth y ddau ymlaen i gwblhau'r cwrs heb wneud yr un camgymeriad arall. Does ryfedd i'r dorf roi cymeradwyaeth fyddarol iddynt.

Carlamu i'r brig

Ym Mecsico yn 1968 bu farw dau geffyl wrth wynebu'r rhwystrau a dim ond hanner y cystadleuwyr a lwyddodd i gwblhau'r cwrs.

▲ Yr ornest dri diwrnod.
Yr anoddaf o'r cystadlaethau marchogaeth.

▲ Andrew Nicolson yn gwneud dipyn o sblash ar gefn Spinning Rhombo yn Barcelona yn 1992

▲ Karen Stives o'r UD ar gefn Ben Arthur

Un arall a wnaeth ei gorau er mwyn ei thîm oedd Karen Stives o'r UD. Pan ddaeth hi a Ben Arthur i'r arena neidio yn 1984 fe wyddai fod gweddill ei thîm yn dibynnu'n llwyr arni. I gipio aur i'w thîm ac iddi'i hun roedd yn rhaid iddi glirio 12 naid. Pe bai'n methu dwy Prydain fyddai'r tîm buddugol a phe bai'n methu un Mark Todd fyddai'n ennill y fedal aur i'r unigolyn gorau. Cliriodd ddeg ffens yn rhwydd ond a'r diwedd o fewn golwg cyffyrddodd ei cheffyl â thop y ffens ganol a dymchwelodd y cwbl i'r llawr. Enillodd y dydd i'w thîm ond collodd y fedal aur i Mark Todd.

Gêmau Tokyo yn 1964 oedd y tro cyntaf i ferched gymryd rhan yn yr ornest dri diwrnod.

▲ Mark Todd o Seland Newydd yn dathlu ar ôl derbyn ei fedal aur

DAN BWYSAU

Mae'n rhaid i'r dynion a'r merched cryfaf yn y byd wrth gryn dipyn o sgìl yn ogystal â nerth bôn braich

▼ TAFLU PWYSAU
Mae taflu pwysau yn un o'r cystadlaethau anoddaf yn y Gêmau. Rhaid taflu'r pwysau (pêl fetel) mor bell â phosib heb gamu y tu allan i gylch arbennig.

DWY CHWAER
Enillodd Irina a Tamara Press (uchod) o'r Undeb Sofietaidd ill dwy fedal aur yng Ngêmau Rhufain yn 1960. Nhw oedd y chwiorydd cyntaf i fynd ag aur adref o'r un Gêmau Olympaidd.

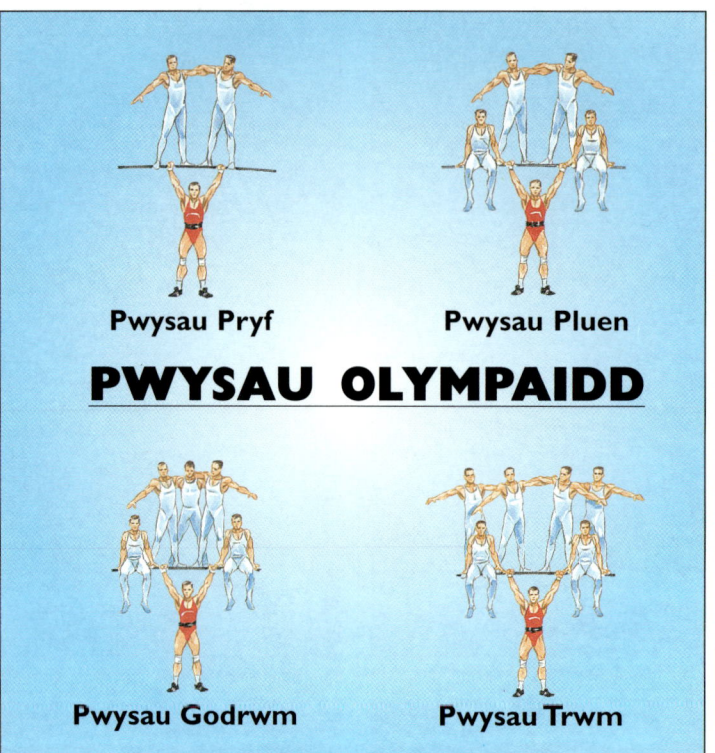

PWYSAU OLYMPAIDD

Pwysau Pryf | Pwysau Pluen
Pwysau Godrwm | Pwysau Trwm

CURO Â MORTHWYL
Pêl 15.87 lb yw'r morthwyl wedi ei chysylltu i weiren 47.8 modfedd ac sy'n cael ei hyrddio mor bell â phosib. Ar ddechrau'r ganrif, pan gafodd y gêm ei chwarae gyntaf yn y Gêmau Olympaidd câi'r morthwyl yn aml ei ddarganfod i fyny yn y coed.

Un o'r goreuon am daflu morthwyl oedd John Flanagan, plismon o'r UD. Enillodd ef fedal aur bedair gwaith yn olynol ac yn 41 oed ef oedd y mabolgampwr hynaf i dorri record.

▼ RHY DRWM!
Mae codi pwysau wedi bod yn rhan o'r Gêmau Olympaidd erioed a flwyddyn ar ôl blwyddyn mae recordiau'n cael eu torri.

Rhennir y gamp i wahanol ddosbarthiadau sy'n dibynnu ar bwysau'r cystadleuwyr. Bydd y rhai ysgafnaf un ai'n cystadlu yn y dosbarth pwysau bantam neu bwysau plu. Dim ond 4 troedfedd 8 modfedd oedd Joe di Pietro a fu'n cystadlu yn y Gêmau yn Llundain yn 1948. Roedd ei freichiau mor fyr fel mai prin y gallai godi'r bar dros ei ben!

Yn rhyfedd iawn mae'n rhaid i gystadleuwyr ofalu nad ydynt yn pwyso gormod. Yn ôl y rheolau, os yw dau wedi codi'r un pwysau yna'r ysgafnaf ohonynt fydd yn ennill. Mae hyn yn golygu y gall pryd bach sydyn cyn y gystadleuaeth wneud y gwahaniaeth rhwng ennill neu golli — neu gael caniatâd i gystadlu o gwbl.

Yng Ngêmau Melbourne yn 1956 roedd Charles Vinci yn pwyso tua 1 pwys yn ormod. Bu'n rhaid iddo redeg am awr a thorri'i wallt cyn cael caniatâd i gystadlu.

Un o gampau'r syrcas oedd codi pwysau yn wreiddiol.

Yn Barcelona ar 29 Gorffennaf 1992 roedd llygaid pawb ar un dyn a'i beiriant. Beiciodd Chris Boardman i fuddugoliaeth yn y ras 4,000 metr derfynol. Roedd ei amser o 4 munud 27.357 eiliad yn ddigon i dorri record y byd.

Doedd neb wedi gweld dim tebyg i'w feic rasio Lotus-Sport o'r blaen. Roedd wedi ei wneud yn gyfan gwbl o ffibr carbon ysgafn ac oherwydd ei fod wedi ei fowldio o un darn roedd yn ysgafnach a chyflymach. Roedd cyrn y beic yn is na'r arfer hefyd a golygai hyn ei fod yn fwy erodynamig.

CYFLYMACH NA'R GWYNT

Wrth sgïo i lawr llethr rhewllyd ar gyflymdra o 85 milltir yr awr mae angen i'r offer fod yn ddiogel yn ogystal â chyflym. Mae sgïs rasio'n gryfach a llyfnach na sgïs cyffredin a thros chwe throedfedd o hyd. Gwydr ffibr ysgafn yw eu deunydd ac mae iddynt flaenau fflat. Mae siwtiau Lycra, helmedau slic a ffyn sgïo crwm hefyd yn ychwanegu at yr effaith erodynamig.

DAN DRAED

Mae'r math o esgidiau sy'n cael eu gwisgo gan athletwyr wedi newid llawer dros y blynyddoedd.

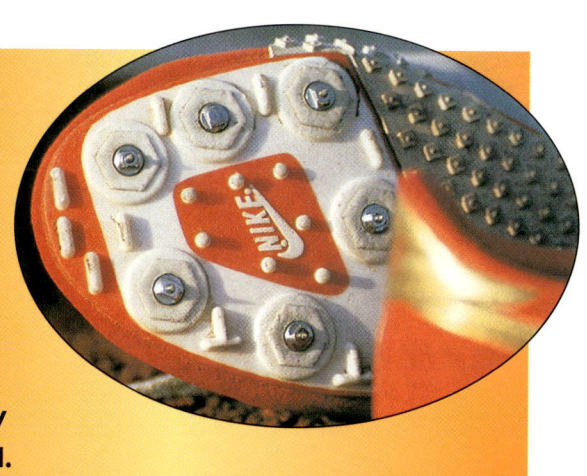

Tan yr 1960 roedd y prif athletwyr i gyd yn cael eu hesgidiau wedi eu gwneud yn arbennig ar eu cyfer. Byddent yn gosod eu troed ar ddarn o bapur ac yn tynnu pensil o'i hamgylch er mwyn gwneud yn siŵr bod y siâp yn iawn. Fel arfer byddai'r wadn yn cael ei gwneud o groen cangarw sy'n wydn iawn a'r esgid ei hun o ledr meddal. Roedd eu gwneuthuriad mor dda byddent yn aml yn para am oes

CYLLELL TRWY FENYN

Y dyddiau hyn mae bobslediau'n beiriannau slic iawn ac mae ganddynt lafnau dur sy'n torri trwy'r iâ fel cyllell trwy fenyn. Ffibr gwydr ysgafn yw'r gragen ond yn y gorffennol caent eu gwneud o goed, metel trwm a hyd yn oed gwiail!

PEIRIANNAU CLYFAR

Wrth ymgeisio am aur mae offer da yn hollbwysig

29

CHWARAEON I BAWB

Yn y Paralympics

Wedi i'r Gêmau Olympaidd orffen mae'r athletwyr paralympaidd yn cael eu cyfle. Syniad Dr Ludwig Guttman oedd y Paralympics ac roedd ef yn gweithio mewn ysbyty arbennig i'r anabl yn Birmingham.

Am flynyddoedd roedd Dr Guttman wedi bod yn trin pobl oedd wedi cael eu niweidio'n ddrwg yn yr Ail Ryfel Byd. Byddai'n annog ei gleifion i gymryd rhan mewn chwaraeon a dechreuodd gynnal cystadlaethau yn yr ysbyty.

Ymledodd y syniad fel tân gwyllt ac yn 1948 cafodd y Paralympics cenedlaethol cyntaf eu cynnal ar gyfer cystadleuwyr o Brydain yn unig. Cyn hir roedd gwledydd eraill yn ysu i gael cymryd rhan ac erbyn 1992 roedd yna 3,500 o athletwyr yn cystadlu o 82 o wahanol wledydd.

SAFONAU UCHEL

Ar y cychwyn roedd ras oedd yn hwy na 60 llath yn cael ei hystyried yn rhy anodd i'r athletwyr. Ond erbyn 1984 roedd athletwyr anabl yn cymryd rhan mewn marathonau ac yn eu cwblhau o fewn dwy awr.

Mae safonau yn y Paralympics yn uchel iawn. Mae llawer o'r chwaraeon, nofio er enghraifft, yr un fath yn union â'r rhai yn y Gêmau Olympaidd. Mae eraill yn cael eu haddasu i gyd-fynd ag anabledd yr athletwyr – bydd chwaraewyr pêl-droed dall yn rowlio pêl ac ynddi glychau ar hyd y llawr yn hytrach na'i chicio i'r awyr.

Mae technoleg wedi bod yn help i ddod â chwaraeon o fewn cyrraedd pobl anabl. Mae yna gadeiriau olwyn arbennig ar gyfer rasio ar gael sydd wedi eu gwneud o aliwminiwm ysgafn. A gall y deillion saethu oherwydd bod yr anelwr wedi ei gysylltu i gyfrifiadur sy'n gwneud synau gwahanol wrth i'r gwn gael ei anelu at wahanol rannau o'r targed.

Tanni Grey o Gymru yw megaseren y byd rasio cadair olwyn. Yn ogystal ag ennill pedair medal aur yn y Paralympics yn Barcelona torrodd ddwy record byd a dwy record Paralympic.

BE NESA?

Sialensau ar gyfer Gêmau'r dyfodol

Yn ogystal â'r hen ffefrynnau mae yna chwaraeon newydd yn cael eu cyflwyno'n gyson i'r Gêmau Olympaidd. Bydd yna bob amser le i chwaraeon traddodiadol megis gymnasteg a'r marathon ond mae chwaraeon newydd megis dawnsio neuadd a syrffio yn awyddus i gael eu lle hefyd.

Fel arfer cael eu 'harddangos' yn y Gêmau Olympaidd mae chwaraeon newydd yn gyntaf. Nid ydynt yn rhan swyddogol o'r Gêmau a does yna ddim medalau'n cael eu hennill. Mae'r arddangosfeydd hyn wedi bod yn rhan o'r Gêmau ers 1904 ac fel arfer maent yn cael eu dewis gan y wlad lle mae'r Gêmau'n cael eu cynnal.

Yn y pen draw ychydig iawn ohonynt sy'n dod yn rhan barhaol o'r Gêmau. Er enghraifft, cael eu gwrthod wnaeth sgïo a rasio slediau cŵn. Y chwaraeon diweddaraf i gael eu cynnwys yn y Gêmau Olympaidd yw bwrddhwylio merched, jiwdo merched a slalom canŵ.

TRWYN I MEWN

Er mwyn cael eu dewis rhaid i'r gymdeithas sy'n cynrychioli camp arbennig wneud cais i fwrdd llywodraethol y Gêmau Olympaidd. Yna, os yw'n ddigon poblogaidd caiff ei hethol i'r Gêmau.

Am nifer o flynyddoedd bu nofiwyr cydamserol yn ymdrechu'n galed er mwyn cael bod yn rhan o'r Gêmau. Digwyddodd hynny yn 1984 ac er bod rhai yn mynnu o hyd bod hyn yn gamgymeriad mae'r gamp wedi dod yn boblogaidd iawn ymhlith gwylwyr.

AIL-GYFLE

Roedd tennis yn boblogaidd yn y Gêmau cynnar. Yna, ar ôl Gêmau Paris yn 1924 ni chafodd y gêm ei chwarae eto tan 1988. Y rheswm am hyn oedd nad oedd gan nifer o'r gwledydd lle'r oedd y Gêmau'n cael eu cynnal ddigon o chwaraewyr da.

Wrth lwc cafodd tennis le unwaith eto yng Ngêmau Seoul yn 1988 ac erbyn hyn mae'r rhan fwyaf o'r prif chwaraewyr yn cymryd rhan.

A phwy a ŵyr, rhyw ddiwrnod efallai y bydd chwaraeon eraill, megis rygbi, sydd ar un adeg wedi bod yn rhan o'r Gêmau yn cael ail-gyfle.

I MEWN AC ALLAN

Y chwaraeon sydd wedi bod yn rhan o'r Gêmau a'r rhai sy'n gobeithio cael eu cynnwys.

I MEWN

Naid driphlyg i ferched
Badminton i barau cymysg
Pêl-foli traeth
Beicio mynydd
Pêl-droed merched

ALLAN

Golff
Rasio cychod modur
Gornest tynnu rhaff
Rygbi
Criced
Croquet

MYNEGAI

Cyffuriau 15
Dawnsio neuadd 31
Decathlon 5, 11, 20
Deifio 24
Esgidiau 29
Ffensio 15, 19
Gêmau'r Gaeaf 16, 17
Gornest tynnu rhaff 31
Guttman, Dr Ludwig 30
Gymnasteg 8, 10, 22, 31
Hen wlad Groeg 4
Heptathlon 5, 21
Hoci 22, 23
Hwylio 25
Jiwdo 19, 31
Mabolgampau 22
Marathon 5, 12
Marchogaeth 26, 27
Medalau 7
Neidio 8, 9, 12
 – cydamserol 31
Olympia 31
Pancratiwm 5
Pêl-droed 22
Pêl-foli 23
Pêl-law 23
Pêl-fasged 22, 23
Pentathlon 5, 21
Rasio cerbydau rhyfel 15
Reslo 19
Rygbi 31
Rhedeg 15
Rhwyfo 10, 25
Sgïo 16, 29
Sglefrio 11, 15, 17
Slalom canŵ 31
Slalom ar ddŵr ewynnog 25
Syrffio 31
Taflu disgen 9
Tennis 31
Taflu morthwyl 28
Taflu pwysau 28
Zeus 4

Arddangosfeydd 31
Beicio 15, 29
Bobsledio 11, 16, 18, 29
Bocsio 18, 19

Bwrddhwylio 31
Cario ffagl 6
Coubertin, Baron de 5
Criced 31